Ana y Pío

Escrito por Elena Castro, Barbara Flores y Eddie Hernández
Ilustrado por Sergio Ramirez

CELEBRATION PRESS
Pearson Learning Group

Ana sube los sarapes.

Tito sube las canastas.

Ana sube los pollitos.

Tito sube las gallinas.

Ana sube los nopales.

Tito sube el maíz.

¡Ahora vamos a vender!